Möge dein Leben ein Geschenk sein

Irische Segenswünsche für die besten Jahre

benno

Ich wünsche dir Mut und Lebensfreude

Ich wünsche dir, dass du dir die kleinen
und die großen Freuden nicht versagst,
die kleinen und die großen Abenteuer
nicht verbietest.
Dass du eine Gelegenheit
zu lieben und geliebt zu werden nutzt.
Denn ungelebtes Leben
bedrückt dich am Ende wie ein Stein.
Was du aber riskiert hast –
sei es gut gegangen
oder habe es schmerzvoll geendet –,
gibt dir am Ende das Gefühl,
wirklich lebendig gewesen zu sein,
und das wirkt am Ende deiner Tage
wie ein Segen.

Ich wünsche dir jeden Tag ein Wunder

Mögest du die kleinen Wegweiser
des Tages nie übersehen;
den Tau auf den Grasspitzen,
den Sonnenschein auf deiner Tür,
die Regentropfen im Blumenbeet,
das behagliche Buckeln der Katze,
das Wiederkäuen der Kuh,
das Lachen aus Kinderkehlen,
die schwielige Hand des Nachbarn,
der dir einen Gruß über die Hecke schickt.
Möge dein Tag durch
viele kleine Dinge groß werden.

Ich wünsche dir ein dankbares Herz

Mögest du die reichen Lebenstage
in deinem Herzen dankbar bewahren.
Möge die Gabe der Liebe
von Jahr zu Jahr wachsen,
damit du alle, die dich umgeben,
mit Freude erfüllst.
Mögest du auch in Stunden des Leids wissen,
dass Gott dir zulächelt.
Mögest du die Zahl deiner Jahre
mit Freundlichkeit annehmen
und deine Jugend mit Anmut zurückgeben,
wenn sie endet.

Ich wünsche dir frohe Gemeinschaft

Die gute Hand Gottes
möge immer auf dir ruhen,
sein Licht möge dir leuchten,
wo immer du gehst.
Möge Gottes Hilfe
dir immer näher sein als die nächste Tür.
Mögen sich mit an Gottes Tisch nicht nur
hungrige Menschen versammeln,
sondern dies auch ein Ort
des Wortes und der Freundschaft,
des Lachens und des Zusammenhalts sein.

Ich wünsche dir
Halt in schweren Zeiten

Mögen die Gaben,
die dir Gott gegeben hat,
mit den Jahren wachsen,
und mögest du alle, die dir begegnen,
mit Freude beschenken.
Möge Gott dir helfen,
damit du starke Wurzeln hast,
die dich halten und stützen
in den wechselhaften Winden der Zeit.
Mögen andere dir Zuflucht sein,
wenn starker Regen über dein Leben zieht.
Möge Zuversicht stets dein Herz erfüllen,
Gottes Kraft sollst du spüren allezeit.

Ich wünsche dir Segen für deinen Weg

Nimm das Leben als ein Geschenk.
Möge Freude und Jubel
in deinem Herzen sein,
wenn Gott dir
schöne Lebensstunden schenkt.
Mögen hilfreiche Erfahrungen
dich prägen und dir
eine Leuchte sein auch in der Nacht.
Mögen die Pausen, die du machst,
dir Zeit für das Gebet geben und
dir neue Kraft und Ruhe schenken.
Mögen dir auf allen Wegen
gute Menschen begegnen
und freundliche Begleiter sein.
Mögen deine Füße auch auf langen Wegen
stets leicht und voll des Dankes
für die Wegstrecken sein,
die du schon geschafft hast.

Gottes Segen möge dich begleiten
auf deinem ganzen Lebensweg.

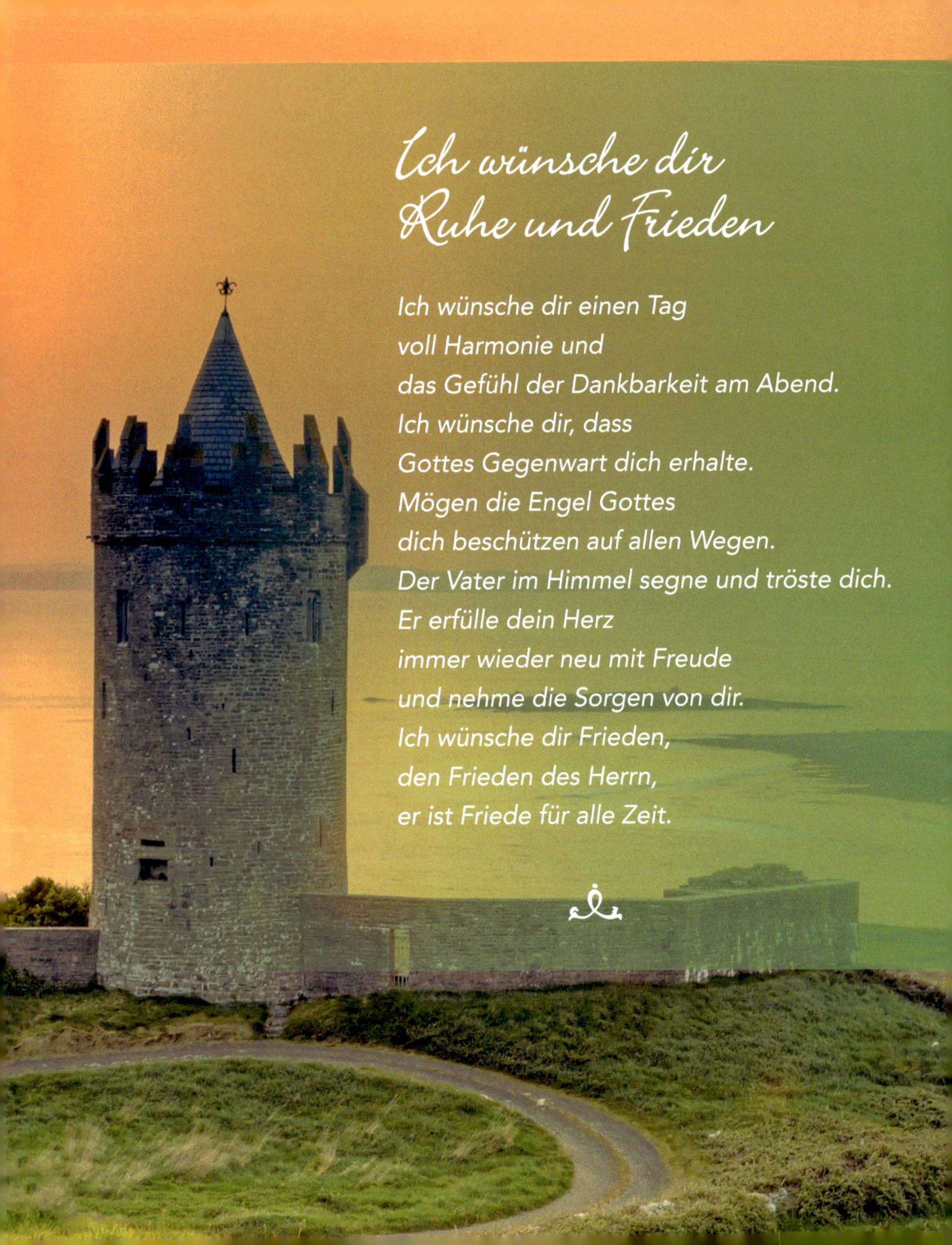

Ich wünsche dir Ruhe und Frieden

Ich wünsche dir einen Tag
voll Harmonie und
das Gefühl der Dankbarkeit am Abend.
Ich wünsche dir, dass
Gottes Gegenwart dich erhalte.
Mögen die Engel Gottes
dich beschützen auf allen Wegen.
Der Vater im Himmel segne und tröste dich.
Er erfülle dein Herz
immer wieder neu mit Freude
und nehme die Sorgen von dir.
Ich wünsche dir Frieden,
den Frieden des Herrn,
er ist Friede für alle Zeit.

Bibliografische Information der Deutschen Nationalbibliothek
Die Deutsche Nationalbibliothek verzeichnet diese Publikation in der Deutschen Nationalbibliografie; detaillierte bibliografische Daten sind im Internet über http://dnb.d-nb.de abrufbar.

Bildnachweis:

Cover	©stock.adobe.com/Roman Babakin
Seite 2/3	© angelakatarhina/Shutterstock
Seite 4/5	© Lautz/Shutterstock
Seite 6/7	© stock.adobe.com/chrisdorney
Seite 8/9	© stock.adobe.com/boojedsada
Seite 10/11	© stock.adobe.com/Uwalthie Pic Project
Seite 12/13	© stock.adobe.com/MNStudio
Seite 14/15	©Peter Krocka/Shutterstock
Seite 16/17	© stock.adobe.com/kwiatek7
Seite 18/19	© stock.adobe.com/John Smith

ISBN 978-3-7462-6413-4

Zusammenstellung: Claudia Michels, Leipzig
Covergestaltung: Ulrike Vetter, Leipzig
Gesamtherstellung: Arnold & Domnick, Leipzig (D)